W0370883

SABER HACER contigo

CUADERNO
tercer trimestre

2 PRIMARIA Lengua Castellana

El cuaderno **Lengua Castellana** para 2.º curso de Primaria es una obra colectiva concebida, diseñada y creada en el Departamento de Ediciones Educativas de Santillana Educación, S. L., dirigido por **Teresa Grence Ruiz**.

En su elaboración ha participado el siguiente equipo:

TEXTO
Ana Luna Castejón

ILUSTRACIÓN
Jacobo Muñiz López

EDICIÓN
Ana María Díaz Villa
Beatriz Ruiz Rodríguez

DIRECCIÓN DEL PROYECTO
Leonor Romo Fernández

DIRECCIÓN Y COORDINACIÓN EDITORIAL DE PRIMARIA
Maite López-Sáez Rodríguez-Piñero

SANTILLANA

Índice

Unidad 9

Unidad 10

Unidad 11

Unidad 12

El monstruo volador

Una noche, un caminante cruzaba un bosque para llegar al pueblo donde pensaba dormir. De repente, se levantó un viento muy fuerte que se llevó volando su sombrero.

–¡Qué rabia! –exclamó.

Pero estaba tan cansado que siguió caminando sin intentar recuperar el sombrero, que se había quedado enganchado en unas ramas.

Una semana más tarde, un vecino, que paseaba al atardecer por el bosque, se asustó al ver un bulto oscuro entre los árboles y huyó corriendo de allí. Al llegar al pueblo, contó que un extraño ser había intentado atacarlo. Los que no lo creyeron fueron al bosque, pero volvieron aterrorizados.

Al día siguiente, el periódico del pueblo publicó una noticia con este titular:

> Un monstruo volador en nuestro bosque
> Los vecinos no se atreven a pasar por allí

Pronto todos los periódicos de los alrededores hablaron del terrible habitante del bosque. Nadie volvió a acercarse jamás a aquella zona. Y todo por un simple golpe de viento que se llevó volando un sombrero…

Basado en un cuento tibetano

1 Contesta.

- ¿En qué dos lugares se desarrolla la historia?

- ¿Por qué no intentó el caminante recuperar su sombrero?

2 ¿Qué creían los vecinos que había en el bosque? ¿Qué era en realidad lo que había? Explica.

3 Inventa y escribe un nuevo titular para la noticia del periódico del pueblo.

Los vecinos no se atreven a pasar por allí

4 ¿Te has asustado tú con algo sin importancia? ¿Cómo fue? Cuéntalo.

5 **VOCABULARIO.** Une los adjetivos de significado contrario y escríbelos formando parejas.

miedoso	nervioso	triste	mentiroso
tranquilo	valiente	sincero	alegre

Los pronombres personales

1 **Completa el texto con los pronombres personales de los recuadros.**

ella | nosotros | él | yo

¡Acción!

_______ trabajamos en la televisión. _______ soy el presentador. Jacinto escribe el guion y Emilia graba el programa. _______ es muy ingenioso y _______ maneja muy bien la cámara. Formamos un gran equipo.

2 **Sustituye las palabras destacadas por un pronombre personal y copia.**

vosotras | nosotros

Pedro y yo somos rubios. ▶ _______

Eva, Pili y tú sois amigas. ▶ _______

3 **Escribe sus nombres y rodea el pronombre escondido en cada palabra.**

 _______ 

_______  _______

4 **¿Quién lo dice? Une. Después, subraya los pronombres.**

Yo soy más bajo que tú.

Tú eres más delgado que yo.

ORTOGRAFÍA

Palabras con mp y mb

9

1 Lee y contesta las preguntas.

El chimpancé Bimbo te invita a su fiesta de cumpleaños.

Será el 3 de noviembre en el campamento.

¡Habrá bombones de frambuesa!

¡Te espero!

- ¿Qué se celebra? ______
- ¿Quién invita? ______
- ¿Dónde se celebra? ______
- ¿Cuándo se celebra? ______
- ¿Qué habrá de merienda? ______

2 Adivina y escribe palabras con mp o mb.

Persona que hace trampas ▶ ______

Producto para lavar el pelo ▶ ______

Cima de una montaña ▶ ______

3 Completa el texto con mp o mb.

Un día con el abuelo

Ayer aco____añé a mi abuelo a su casa en el ca____o. Sacudimos las alfo____ras, li____iamos e hicimos dulce de me____rillo y co____ota de manzana. Luego, como hacía buen tie____o, nos tu____amos en la hierba.

Mejoro mi escritura

1 **Copia imitando la letra y colorea.**

2 **Copia con buena letra.**

La revista de las hadas

Las hadas han decidido publicar una revista. Estará llena de hechizos sorprendentes, canciones mágicas y recetas para cocinar sueños agradables. ¡Seguro que a todo el mundo le gusta!

1 Lee las viñetas y completa cada diálogo.

Alicia dijo:

–No sé cómo salir de aquí.

Y el gato preguntó:

–

Pepa exclamó:

–

Y Tino dijo:

–

2 Observa y escribe el diálogo. Utiliza los verbos de los recuadros.

exclamó | preguntó | respondió

El dinosaurio ________:

–

El niño ________:

–

Y la niña ________:

–

La peor maga del mundo

La gran ilusión de Perola era trabajar en un circo. Así que, cuando el circo llegó a su ciudad, fue a hablar con el director.

–Muéstranos lo que sabes hacer –le dijo el director.

Ante todos los artistas del circo, Perola pronunció unas palabras mágicas, hundió la mano en su chistera y...

–¡Aquí tenemos un espléndido ramo!

Pero del sombrero no sacó un ramo de flores, sino una berenjena. Todos estallaron en una enorme carcajada.

–Ahora lanzaré esta antigua y pesada llave... ¡y se mantendrá en el aire sin caer!

¡Ay! Pero la llave cayó sobre su propio pie, lo que a ella le arrancó un aullido de dolor y, al público, una risotada. Rápidamente lanzó un tomate, que cayó sobre la reluciente calva del malabarista, y los artistas se rieron aún más.

–Ha sido muy divertido –le dijo el director a Perola cuando terminó la actuación–. Pero no te puedo contratar. ¡Eres la peor maga del mundo!

–¿Maga? –preguntó asombrada la chica–. ¡Pero si soy una payasa!

El director dudó. Entonces, vio al viejo payaso del circo asintiendo con la cabeza y, sonriendo, dijo:

–¡Contratada! Eres una maga muy mala, pero una gran payasa.

Rafael Ordóñez (Adaptación)

1 ¿Cuál era la gran ilusión de Perola? ¿Con quién fue a hablar?

2 ¿Qué personajes se mencionan en el cuento? Subraya sus nombres.

- el malabarista
- la trapecista
- Perola
- el director
- el payaso

3 Rodea los objetos que utilizó Perola en su número.

4 ¿Qué ocurrió en cada truco? Observa y completa.

En vez de sacar un ______________

apareció ______________

En vez de flotar en el aire ______________

____

5 Completa.

El ______________ pensó que Perola quería ser ______________; pero en realidad Perola era ______________.

6 ¿Gracias a qué artista decidió el director contratar a Perola? Contesta.

____

7 VOCABULARIO. Tacha la palabra intrusa.

chistera | bombín | pañuelo | pamela | gorro

El verbo

1 **Subraya el verbo en el bocadillo de cada personaje.**

▶ Ahora, copia las formas verbales que has subrayado.

2 **Copia las formas verbales destacadas donde corresponda.**

Una tarde de domingo

Ayer mi madre **durmió** una larga siesta. Mientras tanto, mis hermanos **recogieron** la cocina, yo **paseé** al perro y mi padre **recogió** la ropa tendida. Luego, **paseamos** juntos por el campo. Y por la noche, ¡**dormimos** de maravilla!

Verbo **pasear** ▶

Verbo **recoger** ▶

Verbo **dormir** ▶

3 **¿Qué puedes hacer en estos lugares? Escribe verbos.**

 ▶

◀ 

ORTOGRAFÍA

Palabras con br y bl

1 **Completa esta rima:**

Po____ecita la ________:
tiene mucha fie____e.

2 **Completa los nombres de estos meses:**

- septiem____e
- noviem____e
- fe____ero
- a____il

Ahora, escribe cada nombre donde corresponda y completa las rimas.

En ________, me pongo el som____ero.
En ________, es muy agrada____e salir.
En ________, ____illa el Sol casi siempre.
En ________, se nu____a el ambiente.

3 **Completa el cartel.**

- obras
- obligatorio
- cables
- cubrirse

En la zona de ________, es ________
________ la cabeza con el casco.
¡Ojo con pisar los ________!

4 **Copia las palabras que sean de la misma familia.**

ablandar — blando — bramar — reblandecer — blancura

____

Mejoro mi escritura

1 Copia los nombres de los dedos con letras mayúsculas.

2 Copia con buena letra.

Los tejidos

La ropa puede hacerse con diferentes materiales, como el algodón o la lana. También existen prendas, como los impermeables, que son de plástico. ¡Hay tejidos para todos los gustos!

Escribir horarios

1 Relaciona cada horario con el lugar que le corresponda.

HORARIO DE ATENCIÓN AL PÚBLICO

- **De lunes a viernes:** de nueve de la mañana a ocho de la tarde.
- **Sábados:** de nueve a una.

HORARIO COMERCIAL

- Mañanas: de 10 a 2.
- Tardes: de 4 a 8.

HORARIO DE VISITAS

- De octubre a abril: de 10 a 12 de la mañana.
- De mayo a septiembre: de 8 de la mañana a 7 de la tarde.

2 Elige uno de estos establecimientos, escribe su horario y haz un dibujo.

JUGUETERÍA TRASTOS

PISCINA POSEIDÓN

CLÍNICA VETERINARIA PATAS

Canción del titiritero

Trabaja de sol a sol
pero no es cosechero.
¡Y no hay oficio mejor
que ser un titiritero!

Los títeres en sus manos
se ríen y tienen tos,
nos cuentan bellas historias,
nos cantan una canción.

Él maneja sus dos brazos
con el pulgar y el mayor,
el índice en la cabeza
y también les pone voz.

Hay en su taller corbatas
y cabezas de cartón,
hay bigotes y cabello
y lanitas, ¡un montón!

Dos cachetes regordetes
rellenitos de algodón,
tres vestidos, un sombrero
y hasta un viejo camisón.

SILVIA ÁLVAREZ

1 ¿Cuál de estos es el taller del titiritero? Marca.

2 **Contesta.**

- ¿Cuál es el mejor oficio según el poema?

- ¿Con qué se maneja un títere?

3 **Copia los versos donde se dice lo que hacen los títeres.**

4 **Colorea igual cada pareja de palabras que riman.**

titiritero — cartón — montón

títeres — cosechero — corbatas

5 **Inventa otro título para el poema.**

Escríbelo con letra bonita y decora el cartel.

Un gran peligro

NARRADOR: Tres caballeros y una dama van a caballo por un bosque.

CABALLERO 1: Paremos a beber en esta fuente.

CABALLERO 2: Dicen que aquí vive un temible dragón.

CABALLERO 3: Pues debemos tener cuidado.

NARRADOR: De pronto, se oyen unos extraños ruidos que vienen de unos arbustos.

DRAGÓN: ¡Baaaa, baaaa, baaaa!

CABALLERO 1: ¡Es el dragón!

CABALLERO 2: ¡Sacad las espadas!

CABALLERO 3: ¡Al ataque!

NARRADOR: Mientras los caballeros se preparan, la dama se acerca a los arbustos.

DAMA: Mirad el temible dragón. ¡Pero si es solo una cabritilla!

LOS TRES CABALLEROS: ¡Ja, ja, ja, ja!

DAMA: Seguro que se ha perdido. ¡Nos la llevaremos con nosotros!

NARRADOR: Y los caballeros y la dama continúan el viaje junto a su nueva amiga, a la que llaman Dragoncilla.

1 **¿En qué dibujo aparecen todos los personajes de la obra? Marca.**

2 **¿En qué orden sucede? Escribe 1, 2 y 3.**

▸ Ahora, explica qué pasa en cada viñeta.

1. ______________________________

____

2. ______________________________

____

3. ______________________________

____

3 **¿Qué deciden hacer los caballeros y la dama con la cabra?**

____

▸ Di cómo llaman a la cabra y explica por qué le ponen ese nombre.

____

____

4 **VOCABULARIO. ¿Qué animales hacen estos ruidos? Escribe sus nombres.**

cacarean ▸ las ______________ pían ▸ ______________

balan ▸ ______________ croan ▸ ______________

GRAMÁTICA

Los tiempos verbales

1 **Completa con dos verbos en presente en cada caso.**

El peluquero ________ y ________ el pelo.

La veterinaria ________ y ________ a los animales.

2 **Cuenta qué merendaste ayer y qué hiciste después.**

Usa verbos en pasado.

Ayer ________

____

3 **Rodea los verbos en pasado.**

- crecerán
- canté
- vestisteis
- cocinarás
- viviremos
- vendió

4 **Completa las oraciones con las formas verbales del recuadro.**

pinté
iré
escribo

El lunes que viene ________ al teatro.

Ahora ________ en el cuaderno.

El jueves pasado ________ un cuadro.

5 **Copia las oraciones con el tiempo verbal que corresponda.**

Brais **comer** mucho ayer. ▶ Brais comió mucho ayer.

Mario **bailar** mañana. ▶ ________

Ayer papá **cocinar** arroz. ▶ ________

ORTOGRAFÍA La coma

1 **Copia sustituyendo los dibujos por palabras. No olvides poner las comas.**

En la granja hay   *y* .

El artista compró   *y* .

2 **Separa las palabras. Después, copia y escribe comas donde corresponda.**

- Traigo|toallabañadorgorroychanclas.
- Traigotortillacroquetasfrutayhelados.

3 **Escribe listas separando las palabras con comas.**

- geranio
- manzano
- palmera
- jazmín
- pino
- clavel
- amapola
- peral

Flores

Árboles

4 **Ordena las palabras y escribe una oración.**

Pon las comas y el punto final.

aros | pelotas | Tenemos | colchonetas | cuerdas | y

Mejoro mi escritura

1 Copia imitando la letra.

Excursión

- A las 9 ➡ Salida
- A las 10 ➡ Visita a las cuevas
- A las 12 ➡ Visita al museo

2 Copia con buena letra.

Alrededor de la hoguera

Desde que Cru aprendió a hacer fuego frotando dos piedras, todos están felices. Antes tenían que acostarse muy pronto. Ahora pueden contar cuentos y cantar a la luz de la hoguera. ¡Y ya no tienen miedo por las noches!

1 **Alarga las oraciones.**

- Tenemos unas manzanas.

  Tenemos unas manzanas verdes.

  Tenemos unas manzanas verdes y

- Eva vive en una casa.

  luminosa.

2 **Elige las palabras que quieras para alargar la oración del recuadro.**

Tengo un caballo.

- veloz y fuerte
- listo y travieso
- pequeño y cariñoso

▶ Ahora, escribe la oración añadiendo las palabras que has elegido.

3 **Alarga estas oraciones como quieras:**

– Me alimento de flores

–

–

La canción del palacio

Había una vez un rey que le pidió a un famoso brujo un nuevo palacio. El brujo compuso una bonita canción para piano y, cuando la tocó, apareció de la nada el palacio más bello del mundo.

–Siempre tendrá que haber alguien tocando mi canción –dijo el brujo–. De lo contrario, el palacio desaparecerá.

El rey, entusiasmado, contrató a dos pianistas para que, por turnos, tocasen día y noche.

Pasó el tiempo, y los músicos estaban cada vez más cansados. Sus mujeres, preocupadas, decidieron ir a ver a una sabia anciana que vivía en la montaña y regresaron con un extraño aparato, lleno de cables y botones. Lo colocaron al lado del piano y llamaron al rey. Mientras uno de los pianistas tocaba, su mujer apretó un botón rojo. Cuando terminó la canción, la otra mujer apretó un botón verde y... ¡del aparato empezó a salir el sonido de la hermosa melodía!

Gracias a aquel invento, la canción quedó grabada y podía sonar sin parar. Nadie más tuvo que sentarse al piano para mantener el palacio en pie.

1 **Contesta.**

- ¿Quién le pidió un palacio al brujo? ______
- ¿Qué hizo el brujo para que apareciese un palacio de la nada?

  ______
- ¿A quiénes contrató el rey? ¿Para qué lo hizo? ______

  ______

2 **¿Cómo se sintieron los pianistas al cabo del tiempo? ¿Qué hicieron entonces sus mujeres? Explica.**

3 **¿Cuál crees que es la máquina de la historia? Rodea.**

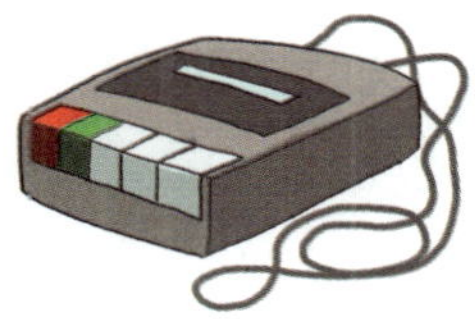

4 **¿En qué orden sucedió? Escribe 1, 2 y 3.**

- ☐ La otra mujer apretó el botón verde.
- ☐ Del aparato empezó a salir el sonido de la canción.
- ☐ Una de las mujeres apretó el botón rojo.

➤ ¿Para qué servía cada botón? Relaciona.

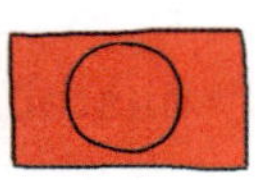
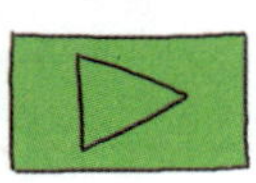

- Para reproducir la canción.
- Para grabar la canción.

5 **VOCABULARIO. Copia las palabras relacionadas con la música y añade otras.**

- músico
- interpretar
- guitarrista
- empaquetar
- orquesta
- flauta

Las lenguas de España

1 **Colorea los nombres de lenguas de España y cópialos.**

francés	gallego	árabe	vasco
portugués	inglés	castellano	catalán

2 **Completa con el nombre de la comunidad que corresponda.**

Mariña habla gallego. Vive en ______.

Edurne habla vasco. Vive en ______.

Anna habla catalán. Vive en ______.

3 **¿A qué palabras del castellano te recuerdan? Elige y escribe.**

- piñata
- mochila
- puerta
- horno
- muralla
- ornitorrinco

catalán	vasco	gallego
porta	motxila	forno
castellano	**castellano**	**castellano**

4 **Imagina que vas a un colegio en el que nadie habla tu lengua. ¿Cómo te sentirías? ¿Qué te gustaría que hicieran para ayudarte?**

División de palabras

1 **¿Por qué no se pueden hacer estas divisiones de palabras? Une.**

Gabriel viajará en a-
vión a un país lejano.

Me encantan los tig-
res de peluche.

Sara se olvidó la to-
alla en la piscina.

- Porque con el guion no se pueden separar las letras de una misma sílaba.
- Porque con el guion no se pueden separar dos vocales que aparecen juntas.
- Porque con el guion no se puede dejar una vocal sola a final de línea.

2 **Divide estas palabras de todas las formas posibles:**

invitado ▶ in-vitado invi-tado invita-do

palacete ▶

fenomenal ▶

3 **Ordena y escribe la nota completa.**

Escribe cada línea en una pauta e incluye los guiones.

cado. Mamá no tarda-

Ainara:

rá. ¿Tienes todo pre-

Estoy en el supermer-

Papá

parado para la playa?

Ainara:

Mejoro mi escritura

1 Copia el bocadillo intentando no salirte del espacio.

2 Copia con buena letra.

El tractor de mi tío

Mi tío tiene un tractor de color verde. Con él se puede arar el campo; es decir, hacer surcos en la tierra para después sembrar las semillas. A veces me deja subirme y acompañarlo. ¡Es genial!

SABER HACER Relacionar textos e imágenes 12

1 Une el dibujo con el bocadillo que le corresponda.

¡Voy al médico!

¡Me voy de vacaciones!

¡Empieza el cole!

2 Lee y observa.

Está contento porque las rayas le quedan muy bien.

Está harto de que nadie se fije casi nunca en él.

Está orgulloso de ser un excelente nadador.

▸ ¿Te has dado cuenta de que los textos no se corresponden con lo que les pasa a los personajes? Escribe tú correctamente.

El camaleón está ____________________

____

El delfín está ____________________

____

El tigre está ____________________

____

Unos dioses diferentes

Los egipcios adoraban a cientos de dioses y diosas distintos. Algunos de ellos tenían forma humana. Osiris, por ejemplo, que tenía la piel de color verde, era el dios de la agricultura y el rey de los muertos. Su esposa Isis protegía a los marineros, a las madres y a los niños.

Otros dioses tenían cuerpo humano y cabeza de animal, como Horus, Sekmet y Tot. Horus, hijo de Isis y Osiris, tenía cabeza de halcón y ahuyentaba a los malos espíritus. Sekmet, con cabeza de leona, era la diosa de la guerra. Y Tot, que tenía la cabeza de un pájaro llamado ibis, era el dios de la escritura y el conocimiento.

Los egipcios creían que los dioses vivían en los templos. Allí, los sacerdotes adoraban la estatua del dios y le ofrecían comida. En días señalados, sacaban las imágenes en procesión.

1 Completa el esquema con los nombres de los dioses que corresponden.

- Dioses egipcios
  - Con forma humana
    - ____________
    - ____________
  - Con cuerpo humano y cabeza de animal
    - ____________
    - ____________
    - ____________

2 ¿Quién es quién? Escribe sus nombres.

3 Sustituye el nombre del dios para hacer verdaderas estas oraciones:

- Tot era el dios de la agricultura.
- Sekmet protegía a las madres y a los niños.
- Horus era el dios de la escritura.

4 Contesta.

- ¿Dónde creían los egipcios que vivían sus dioses?
- ¿Qué hacían los sacerdotes egipcios con la estatua del dios?

5 Investiga y escribe el nombre de otros dioses egipcios.

Dirección de arte: José Crespo González.

Proyecto gráfico: Pep Carrió.

Jefa de proyecto: Rosa Marín González.
Coordinación de ilustración: Carlos Aguilera Sevillano.
Jefe de desarrollo de proyecto: Javier Tejeda de la Calle.
Desarrollo gráfico: Raúl de Andrés González, Jorge Gómez Tovar y Patricia Tejeda Gaspar.

Dirección técnica: Jorge Mira Fernández.

Coordinación técnica: Javier Pulido Martínez.
Confección y montaje: Eva Hernández Malye, Victoria Lucas Díaz y Marisa Valbuena Rodríguez.
Corrección: Cristina Durán González.

Avda. de los Artesanos, 6
28760 Tres Cantos, Madrid

PRINTED IN SPAIN

ISBN: 978-84-680-4382-1
CP: 889375
Depósito legal: M-12731-2018